पारिवारिकी

भूपेन्द्र "भोजराज" भार्गव

TRUE SIGN
PUBLISHING HOUSE

प्रकाशक : ट्रू साइन पब्लिशिंग हाउस
पता: जी-3, एचडीबी आर्केड, दूरसंचार नगर,
गुलमोहर भोपाल, मध्य प्रदेश-462039 भारत
ईमेल : truesignbooks@gmail.com
वेबसाइट : www.truesign.in

पारिवारिकी

लेखक: भूपेन्द्र "भोजराज" भार्गव

संस्करण: 2025

लेखक की कलम से...
"पारिवारिकी"

जैसा कि शीर्षक से प्रतीत होता है कि **"पारिवारिकी"** में परिवार के सभी पहलुओं को शब्दों में पिरोने की प्रथम कोशिश की गई है। मेरे शब्द पाठकों के हृदय को छू सके तो शायद मेहनत सार्थक हो जाए। सामाजिक संरचना में संस्कारों के आधुनिकीकरण से वृद्धाश्रम व्यवस्था के सफर का वर्णन **"पारिवारिकी"** के नये स्वरूप को दर्शाता है। पुत्र व पुत्री के कर्त्तव्यों में माँ की ममता और पिता के त्याग को कविताओं का माध्यम सोचने को मजबूर करता प्रतीत होगा। सुख और दुख के ताने-बाने लेकर कुछ शिकातयें व वैवाहिक विपरीतता का विवरण मानसिक व्याकरण को प्रभावित कर सका तो लेखक स्वयं को धन्य समझेगा। व्यावहारिकता में अपेक्षाओं का माध्यम अमीरी-गरीबी के समीकरण को स्पष्ट करती रचनाऐं पाठकों को अवश्यक पसंद आऐगी।

इसी आशा के साथ-

यदि मैं शब्दों को माध्यम बनाकर आपके हृदय तक पहुंच सका तो मुझसे बड़ा सौभाग्यशाली शायद कोई और न हो।

-भूपेन्द्र "भोजराज" भार्गव

जीवन परिचय

भूपेन्द्र "भोजराज" भार्गव का जन्म हिन्दुस्तान के हृदय स्थल मध्यप्रदेश के गालव ऋषि की तपो भूमि ग्वालियर में लक्ष्मण तलैया नामक स्थान पर 28 अगस्त सन् 1974 को हुआ। अपने माता-पिता की सात संतानों में भूपेन्द्र चौथे नम्बर के पुत्र है। सामान्य वर्ग के मध्यम परिवार से आने वाले भूपेन्द्र ने एम.ए. तक पढ़ाई की है। इनकी प्राथमिक शिक्षा टैगोर हायर सेकेण्ड्री स्कूल में हुई। जहाँ दस्वी कक्षा उत्तीर्ण कर उच्च शिक्षा महारानी लक्ष्मीबाई महाविद्यालय में दाखिला लेकर समाजशास्त्र से एम.ए. कर पूर्ण की। प्राथमिक शिक्षा के दौरान ही इनकी रूचि बाल सभा, 15 अगस्त व 26 जनवरी पर कविताऐं सुनाने में थी। समय के साथ धीरे-धीरे लेखन में हाथ आजमाने लगे। समाज से जुड़े रहने की वजह से सामाजिक उतार-चढ़ाव में व्यवहार और संस्कारों के आधुनिकीकरण पर रचनाएँ लिखने लगे। घर की जिम्मेदारियों के निर्वहन में समय की कमी अवश्य खली मगर लेखनी की गति न रूकने दी। और इसी क्रम में छोटी-छोटी रचनाएँ गढ़कर प्रथम पुस्तक तक पहुँच सके। स्नेहीजन व मित्रों का सहयोग प्रेरणादायक होकर इन्हें प्रोत्साहित करता रहा। कहते है कि हर शुभ कार्य में बाधाएँ अवश्य उत्पन्न होती है, वो इनके जीवन से कैसे दूर रहती। फिर भी कलम की गति रूकी ना थकी कविताओं के सफर पर निरंतर चलती रहीं।

इनके जीवन में विशेष कुछ नहीं जो लिखा जाऐं बस एक कोशिश है जो हमेंशा की जानी चाहिए बस यही इन्हें दूसरों से अलग रखता है इनका मानना है कि जिसकी आपमें रूचि हो उस पर प्रयास ईमानदारी से हो तो उस कार्य को पूर्ण करवाने में प्रभु हमेशा सहायता करते है।

-भूपेन्द्र "भोजराज" भार्गव

@bhargavakavi1974

क्रमानुसार रचनाएँ

पारिवारिकी में

परमेश्वर पिता है,
चिंता की चिता है।
मॉ की ममता का,
मार्मिक अहसास है।
पारिवारिकी में---

गरीब का घर है,
अमीरों का स्वयंवर है।
विदाई के अश्कों में,
रिश्तों की तलाश है।
पारिवारिकी में---

भागम-भाग है,
पेट की आग है।
काम की कोशिश में,
जिंदगी उदास है।
पारिवारिकी में---

थोड़ा सा मसाला है,
साली और साला है।

ससुर से नोक-झोंक,
मॉ मानो सास है।

पारिवारिकी में---

मेरी और आपकी है,
कहानी घर-घर की है।
कांधो पे बोझ की,
आखिरी श्वांस है।

पारिवारिकी में---

प्रथम ही प्रयास है,
खुशियाँ आस-पास है।
ढूंढना है शब्दों में,
कौन किसके पास है।

पारिवारिकी में---

चलो-चलते हैं

शहर से गांव में,
नीम की छांव में,
मुट्ठी में तितलियाँ,
फिर बंद करते हैं,
चलो चलते हैं।

कटोरी में नदी,
कटोरा में सागर,
हथेली में बरसात,
फिर भरते हैं,
चलो चलते हैं।

भूत और चुड़ैल,
फूटी खपरैल,
नानी की कहानी,
मजे से सुनते हैं,
चलो चलते हैं।

माँ की मार ,
दादी की फटकार,

नाग के लट्ठ से ,
फिर बचते हैं,
चलो चलते हैं।

अनजान शहर,
किराये का घर,
खाली कर,
फिर घर चलते हैं,
चलो चलते हैं।
चलो चलते हैं।

पति-धर्म

कमाकर लाए,
खिलाए पिलाए।
बेलन की मार से,
खुद को बचाए।

कमाकर लाए---

वेतन दे हाथ में,
वोनस के साथ में।
ऊपरी कमाई से,
खर्चा चलाए।

कमाकर लाए---

सास महान माने,
ससुरा भगवान जाने।
माह एक रविवार,
दर्शन कराए।

कमाकर लाए---

नारायण हार गए,
महादेव मान गए।
कोटि-कोटि देवता,
शक्ति के गुण गाए।

कमाकर लाए---

मुर्गी भूल जाए,
घर की दाल खाए।
सूरत भयंकर को,
बाबू का चॉद बताए।

कमाकर लाए---

जीवन चल जाएगा,
संकट टल जाएगा।
गृहस्थ सुख भोग के,
सीधे स्वर्ग जाए।

कमाकर लाए---

सेवा में तत्पर रहे,
गूंगा बहरा रहे।
पत्नि पंचायत को,
हंस के सुलझाए।

कमाकर लाए---

छोटी सी सलाह है,
दुनियां गवाह है।
नारी प्रकोप से,
राम ना बचा पाए।

कमाकर लाए---

पैसा होता तो?

रिश्तों का अंबार होता।
खुशी का भंडार होता।
ख्वाबों के खटोले पे।
चॉद पर सवार होता।
पैसा होता तो!

मंत्री और सरकार होता।
चर्चे का अखबार होता।
आग्रह और निवेदन पे।
पहला अधिकार होता।
पैसा होता तो!

सांस्कृतिक विचार होता।
रंगमंच कलाकार होता।
स्वागत और सम्मान में।
प्रशंसा का हकदार होता।
पैसा होता तो!

बडा सा व्यापार होता।
थोड़ा सा अहंकार होता।

गरीबों रो [illegible]।
घरेलू संस्कार होता।
पैसा होता तो!

माता का पूत होता।
पिता का सपूत होता।
कलयुग के देवों का।
मैं ही देवदूत होता।
पैसा होता तो!

बेटी हो गई

हे राम,
क्या अनहोनी हो गई।
गरीब के घर,
फिर बेटी हो गई।
रिश्ते खामोश,
शिवा अफसोस के।
दो तो थीं,
तीसरी और हो गई।

हे राम
घर में बस,
मातम ही पसरा था।
हृदयाघात,
जन्म से गहरा था।
वंश की बेल,
आखिर कौन बढ़ाएगा।
चिंता की चिता,
समाज में खड़ी हो गई।

हे राम
कैसे बाप,

हाथ पीले कर पाएगा।
लाख रुपए,
दहेज कैसे जुटा पाएगा।
खाली पेट थे,
घर में राशन के बर्तन।
नई मुश्किल,
सर पर खड़ी हो गई।

हे राम
मन्नत की,
ताबीज, बंधेज करवाया।
बेटे के लिए,
पूजन हवन करवाया।
क्या हुआ,
ये कैसे हो सकता है।
सारी कोशिश,
फिर से नाकाम हो गई।
हे राम

बाबू जी

वीपी संग,
शुगर बढा रहे।
बालों गें,
कलर करा रहे।
कसरत कर,
जिम में हैवी।
झुर्री पे,
मसल बना रहे।

बाबू जी
अम्मा को,
फूल बना रहे।
सेटिंग को,
चॉद बता रहे।
चौटिंग की,
चटर-पटर में।
खांश कर,
चुम्मा खा रहे।

बाबू जी
लड़का को,

ब्याह सुधा रहे।
समधन से,
नैन लड़ा रहे।
घर में है,
लड़की स्यानी।
दूल्हा को,
शूट सिला रहे।

बाबू जी
पैंसठ की,
तीस बता रहे।
मुखडा पे,
ब्लीच करा रहे।
मरघट में,
लगी लकैया।

बाबू जी,
अब सन्ना रहे।
बाबू जी

गुरूदेव

अनाथों के नाथ हो।
पल-पल साथ हो।
सर पर आपके।
आशीष का हाथ हो।

अंधेरे में उजियारा हो।
आपका सहारा हो।
जीवन की कश्ती का।
आप ही किनारा हो।

ब्रह्म का ज्ञान हो।
ईश्वर से पहचान हो।
प्रभु आपसे ही मेरा।
मान और सम्मान हो।

अर्जुन के पार्थ हो।
भाव से निस्वार्थ हो।
जगत कल्याण के।
आप परमार्थ हो।

धरती आकाश हो।
बुद्धि विकास हो।
आगे बढ़ने का।
सार्थक प्रयास हो।

रोटी

उदर अगन की,
शांतिदूत मैं।
मे चूल्हे की,
धड़कन हूँ।
प्राण व्यवस्था की,
संचालक।
मैं दिनभर की,
अनबन हूं।

राम-रहीम हूं,
मैं फकीर की।
मैं गरीब की,
पगली हूं।
मैं जरूरत,
पूर्ण जहॉ की।
मैं ही पीढ़ी,
अगली हूं।

रिश्ता तुमसे,
है सांसो का।

और रक्त की,
धमनी हूं।
सूर्य उदय हूं,
मै पृथ्वी का।
मैं ही रात की,
रजनी हूं।

मैं आशा हूं,
मै ही निराशा।
दौड़-धूप की,
छांव हूं।
शहर बसाए,
मेरी खातिर।
मैं छोटा सा,
गांव हूं।

बंटवारा

पापा की पूंजी,
कोर्ट मे बंट जाती है।
आखिरी उम्र,
आश्रम में कट जाती है।
माप हो जाती है,
खेत और खलियानों की।
घर की छाती पे,
लकीर खिंच जाती है।

मॉ की ममता,
खंडहर बन जाती है।
पिता की छत,
टूटकर गिर जाती है।
सुनसान ऑगन,
बचता है रोने को।
लालच की दीमक,
दीवार चाट जाती है।

पीढ़ियों की प्रीत,
पल मे बिखर जाती है।

रिश्तों की डोर में,
गांठ पड जाती है।
राखियाँ रोती है,
सावन के झूलों को।
भाई की भाई से,
दूरियाँ बढ जाती है।

मैं गरीब हूँ

समाज की उपेक्षा,
अमीरी का तिरस्कार हूँ।
शासकीय योजनाओं का,
राजनीतिक आधार हूँ।
हाँ मै गरीब हूँ---

रिश्ते मेरी हैसियत से,
घबराते है।
बनने से पहले ही,
टूट जाते है।
सलाह की दस्तक,
दरवाजा खटखटाती है।
मदद आने से,
पहले ही मर जाती है।
सामाजिक दृष्टिकोण से,
वंचित हूँ।
हाँ मै गरीब हूँ---

सरकारी मदद भी,
करोड़ों मे आती है।
आने से पहले,
जेब में भर जाती है।

गोरे मसीहा ही,
मुझे ठगते है।
अभी और आऐगी,
रोज कहते है।
जमाने के तानों से,
सिंचित हूँ।

हाँ मै गरीब हूँ---

मेरी चिंताऐ,
चिता तक जाऐंगी।
बिटिया जब विवाह के,
योग्य हो जाऐगी।
अभी तो,
दहेज भी जुटाना है।
ना जाने,
कब तक कमाना है।
जलती बेटियों की,
विदाई हूँ।

हॉ मै गरीब हूँ---

ऋण मुझे भी,
मिल जाऐगा।
मेरा बेटा इसे
कब तक चुका पाऐगा।
ब्याज पर ब्याज ,
अभी भारी है।

गरीब की गरीबी ही,
बहुत बड़ी बीमारी है।
में ही तो,
अमीरी की परछाई हूँ।

हाँ मै गरीब हूँ---

भार्या-स्तुति

खप्पर छोड़ चीमटा धारी।
उल्लू पे चढ़ करो सवारी।
कर बेलन कम्प्यूटर सोहे।
दूर करो लव की बीमारी।

भार्याय नम:---

जग जननी जग की महतारी।
गृह स्वामिन सत्ता अधिकारी।
मेकअप कर तुम बनी विधाता।
भरी ठंड में फिरहु उघारी।

भार्याय नम:---

प्राण नाथ है तेरे पुजारी।
खाली खाता किए उधारी।
ऑख मार कर कई मरवाओ।
मिट गए तुम पे कई ब्रह्मचारी।

भार्याय नम:---

जो नर पति बन तुमको ध्यावे।
पिज्जा बर्गर भोग लगावे।
मिटे कलेश ताप संतापा।
स्वर्ग गमन कर अति सुख पावे।

भार्याय नम:---

गर्मी की शादी

पनीर तो भरपूर था।
पहुंच से भी दूर था।
रोटियां छुप रही थी।
आदमी मजबूर था।

दही बडा बड़ा था।
रसगुल्ले पे चड़ा था।
दाल जब मिली नहीं।
भिंडी से भिडा था।

चाट संग डोसा था।
भाजी पे भरोसा था।
महिलाएं चाट गई।
जी भर कोसा था।

प्लेटों मे खाना था।
चमचों से चबाना था।
पत्तलें गुजर गई।
डबले मर जाना था।

मेकअप बह रहा था।
गर्मी सह रहा था।
चलो अब घर चले।
काजल से कह रहा था।

जीवन साथी

डाउनलोड करवाईये।
जोड़ियां बनवाईये।
ऑनलाइन दूल्हा ले।
शहनाई बजवाईये।

गूगल पे जाईये।
सर मत खाईये।
भोलेनाथ सो गए।
उन्हें ना जगाईये।

चले तो चलाईये।
फिर से बदलवाईये।
सब कुछ बिकता है।
कीमत तो लगाईये।

आई डी बनवाईय।
साइड पे आईये।
फोटो डालकर।
मन चाहा पाईये।

पुच्छ तो बताईगे।
और क्या चाहिए।
फ्री भी मिलेगा।
आप चले आईये।

विपरीत

ससुरे की डॉटर,
रोज पिये क्वार्टर।
मुर्दाको चबाए,
चखना समझकर।

ससुरे की---

विदा की गैया,
सांड बन गई है।
अब वो डराए,
नकुए फुलाकर।

ससुरे की---

रोज खुद चढ़ाए,
विस्की की बोतल।
हो गई रिस्की,
सोडा मिलाकर।

ससुरे की---

धारा दहेज लिखवा,
थाने में रिपोर्टें।
कहे जेल भेजूं,
डंडे खिलाकर।

ससुरे की---

ससुरे निभाओ रिश्ते,
अब वापस बुलाकर।
घर-द्वार बिक गया,
दारू पिला पिलाकर।

ससुरे की---

11 रस बाद

कई गधे,
घोड़ी चढ़ जाऐंगे।
कर्तव्य पथ पे,
आगे बढ़ जाऐंगे।
सुनते न थे,
मॉ-बाप की बात जो।
पत्नीव्रता बन,
हॉ मे हिनहिनाऐंगे।

कई गधे
घर कोल्हू में,
बैल बन जुत जाऐंगे।
ख्वाब के राजा,
काम में जुट जाऐंगे।
उड़ लेंगे दिन भर,
किसी भी जहाज पे।
शाम को चुपचाप,
घर लौट आऐंगे।

कई गधे
यारों की यारी से,

मुक्ति पा जाऐंगे।
पलंग के पाऐ से,
चुपचाप बंध जाऐंगे।
उपस्थित रहेंगे,
सदा लक्ष्मी सेवा में।
सभी सुख भोग,
स्वर्ग पा जाऐंगे।
कई गधे

लोग तो

रिश्ते भी,
खूब निभाते हैं।
शमशान तक,
साथ-साथ जाते हैं।
जिन्दगी भर,
बुरा था जीते जी।
मरने के बाद,
अच्छाईयॉ गिनाते हैं।

लोग तो-रिश्ते भी
बीती बातें,
यादकर रुलाते हैं।
पराये भी,
अपने बन जाते हैं।
दर-दर भटका,
सूखी दो रोटी को।
घी डाल,
चुपडकर जलाते हैं।

लोग तो-रिश्ते भी
मृत देह को,

मालाएँ पहनाते हैं।
कब ले जाएँगे,
आपस में फुसफुसाते हैं।
दर्द यहाँ,
किसको किसका है।
दो दिन बाद,
सब भूल जाते हैं।
लोग तो-रिश्ते भी

क्यूं और कब तक?

क्यूं और कब तक?
ये रस्म निभाई जाएगी।
अश्कों से भीगे आँगन में,
जो पंगत खाई जाएगी।
गुजर गई जीवन लीला,
जिस घर के सहारे की।
चिता जला के खुशियों की,
जो गंगा पूजी जाएगी।

क्यूं और कब तक?
मरघट की अग्नि पे,
जब कढाई चढाई जाएगी।
मरी हुई देहों के हाथों,
जब पत्तल परसी जाएगी।
न्योता होंगे मृत्यु-भोज के,
रिश्तेदार बुलाने को।
बेबस देहली के भोजन को,
मानवता कैसे खाएगी।

क्यूं और कब तक?
पीढी-दर-पीढी कर्जे को,

[illegible] तक संताप चुकाएगी।
क्या रीत बनी है मतलव की,
तेरहवीं हो ही जाएगी।
क्या समझाऊं समझदार,
दुनियां के रस्म रिवाजों को।
झॉकें मन अपना हाथ जोड़,
तो ओर शांति मिल जाएगी।
क्यूं और कब तक ?
बदलाव होना चाहिए

वृद्धाश्रम

एक और खुल गया,
जल्दी ही भर गया।
वृद्धों की भीड़ थी,
वृद्धाश्रम खुल गया।

एक और ---

ऑनलाइन भर्ती थी,
रिश्तों की अर्थी थी।
मृत्यु के फार्म पर,
कौन नाम लिख गया।

एक और ---

उसके ही अपने थे,
जवानी के सपने थे।
द्वार पे उतार कर,
अपना कोई चला गया।

एक और ---

आखिरी का दौर है,
नजर भी कमजोर है।
ऑखें वो खोल कर,
चश्मा भी ले गया।

एक और ---

उसका कोई कौन है,
सारा घर मौन है।
नाम जिसके घर किया,
बेघर वो कर गया।

एक और ---

अपना ख्याल रखना,
फोन भी कम करना।
और भी काम है,
कह के मुकर गया।

एक और ---

पुरुष

मुझको भी न्याय दो,
जीने का अधिकार दो।
अन्याय के विरुद्ध हो,
एसा हथियार दो।

मुझको भी---

मैं क्यूं मजबूर हूं,
जिन्दगी से दूर हूं।
ना करूं मैं खुदकुशी,
कोई तो विचार दो।

मुझको भी---

सब-कुछ विपरीत है,
झूठी सी प्रीत है।
कदम-कदम पे ठोकरें,
सह सकूं प्यार दो।

मुझको भी---

मैं कमा के लाऊंगा,
सब को खिलाऊंगा।
जितना उठा सकूं,
उतना ही भार दो।

मुझको भी---

घुट-घुट के जीता हूं,
आसुओं को पीता हूं।
और कया करूं बता,
कर्ज तो उतार दो।

मुझको भी---

मैं पिता का राम हूं,
मॉ का घनश्याम हूं।
चार दिन की जिन्दगी,
कोई तो संवार दो।

मुझको भी---

होना चाहिए

मॉ के आशीष का,
हाथ होना चाहिए।
गलतियाँ माफ कर दे,
बाप होना चाहिए।
है जरूरी इक बहिन,
रोज लड़ने के लिए।
रिश्ते निभाने को,
वक्त होना चाहिए।

साथ में हो सदा,
दोस्त होना चाहिए।
फोन और बैंक में,
बैलेंस होना चाहिए।
जिन्दगी गुजरेगी ,
अंजान राहों में।
सिगरेट और चाय का,
चौराहा होना चाहिए।

प्यार हो प्यार पे,
भरोसा होना चाहिए।

खुद का घर,
गाड़ी भी होना चाहिए।
खूबसूरत ना सही,
लड़की चलेगी व्याह को।
धन से धना धन,
ससुराल होना चाहिए।
बस

आधुनिक-नारी

देह के प्रदर्शन को,
फैशन कह देगी।
लाज के गहना को,
नंगा कर देगी।
सौन्दर्य बढ़ाने को,
सौन्दर्य की देवी।
मेकअप पे वेतन,
खर्चा कर देगी।

आधुनिक-नारी
एक दिन पति को,
परमेश्वर कह देगी।
कानून के सहारे को,
हथियार बना लेगी।
धोखे में रखेगी,
नींव परिवार की।
मतलव के हिसाब से,
प्यार भी कर लेगी।

आधुनिक-नारी
नारी ही नारी की,

चुगलियां कर लेगी।
नारी के चरित्र का,
चीर भी हर लेगी।
संस्कारों से सुसज्जित,
आधुनिक-नारी।
महिला सम्मान में,
समारोह कर लेगी।
आधुनिक-नारी

प्रेम-साहित्य

प्रेम-साहित्य छोरा,
सोलह में पढ़ रहा था।
इतिहास के पन्नों में,
विज्ञान उखाड रहा था।
गणित ने बिगाडा था,
खेल भूगोल का।
बस उत्तीर्ण हो जाए,
प्रतीक्षा कर रहा था।

प्रेम-साहित्य छोरा
कॉलेज की तितलियॉं,
ख्वाब में बुला रहा था।
गोलाई के क्षेत्रफल की,
माप कर रहा था।
हिन्दी बिबस थी,
परिणाम की बिन्दी से।
पापा के क्रोध की,
सुनामी से डर रहा था।

प्रेम-साहित्य छोरा
भौतिकी का भोग,

शब्दा रो कर रहा था।
प्रेम का ढाई अक्षर,
अंग्रेजी में कह रहा था।
मॉ-बाप की उम्मीद के,
आखिरी चराग को।
ऑनलाइन जलाकर,
रौशन कर रहा था।

प्रेम-साहित्य छोरा
खाली स्थानों में,
जख्म भर रहा था।
सौन्दर्य पे खर्च का,
हिसाब कर रहा था।
श्रेणी रो रही थी,
पूरक की अर्थी पर।
अंको में पूर्णांक का,
आकलन कर रहा था।
प्रेम-साहित्य छोरा

शिकायत

मैं मेरी शिकायत,
किससे करूं।
जिन्दगी से घबराऊं,
या मौत से डरूं।

मैं मेरी शिकायत
तलाश जारी है,
सुबह से शाम तक।
श्वांस फूल जाती है,
आखिरी विश्राम तक।
चलता रहूं,
या आराम करूं।

मैं मेरी शिकायत
दौलत कमाना है,
व्यवहार तक।
चेतना व्यस्त है,
व्यापार तक।
और कमाऊं,
या बर्बाद करूं।

मैं मेरी शिकायत।
प्यास बढ़ गई ,
अभी और तक।
चलना जरूरी है,
नए दौर तक।
किसी से कह दूं,
या चुप रहूं।
मैं मेरी शिकायत

मुआवजा

जीवन,
दुर्घटनाग्रस्त था।
बिना वस्त्र,
अस्त व्यस्त था।
जिन्दगी गुजरी,
वाहन की टक्कर में।
भीड लगी,
वायरल के चक्कर में।
लाश को अभी,
कफन नहीं मिला है।
हजूर अभी तक,
मुआवजा नहीं मिला है।

लाश भी,
प्रमाण की तरसेगी।
आधार लिए,
दर-दर भटकेंगी।
खाते कितने,
शासन खोल पाएगा।
कागजों मे मुर्दा,

कब बोल पाएगा।
मृत्यु की दहशत मे,
जन्म भी हिला है।
हजूर अभी,
मुआवजा नहीं मिला है।

न्याय को,
अर्जी लगी है।
कागज लिए मॉ,
लाइन मे लगी है।
सहारे सब,
तारीख मे खो जाऐंगें।
बहू संग बच्चे,
भूख से मर जाऐंगें।
न्याय व्यवस्था से,
ना कोई गिला है।
हजूर अभी,
मुआवजा नहीं मिला है।

न्यू कल्चर

झाड़ू पोंछा कर बर्तन मांज देते है।
बच्चे तैयार कर स्कूल छोड़ देते है।
हमें काम है काम की तलाश में।
नए दफ्तर में अर्जी लगा देते है।

सर दर्द में वाम मल देते है।
भारी थकान में पैर दबा देते हैं।
ऑफिस जाती है वो सुबह उठके।
उनका टिफिन भी हम बना देते है।

रवि और शनि बाहर घुमा देते है।
मायके का टिकट तत्काल करा देते है।
खर्च का बोझ है कोमल कांधो पर।
हम उनकी हॉ मे हॉ मिला देते है।

जप- तप कर माथा टिका देते है।
जोब की श्रद्धा का भोग लगा देते है।
किस्मत लिखी प्रभु आपने हाथों से।
आपका घंटा हाथ से बजा देते है।
गुलामी से तात्पर्य नहीं

आज भी

मजदूर की मजदूरी,
आधी और अधूरी।
ऐडियॉ घिस गई,
गई जिन्दगी पूरी।

कर्ज का मकान,
ब्याज के अहसान।
ऋण चुकाए श्वांस,
चल दो शमशान।

क्या रखेगा जोड़ के,
आत्मा मरोड़ के।
पत्थर है पेट पे,
किस्मत को फोड के।

गाली संग दुत्कार,
फालतू की फटकार।
मतलव के देवता,
दौलत से प्यार।

बस काम ही काम,
न तिलभर आराम।
पोंछा नहीं पसीना,
मालिक के नाम।
वाह री दुनियाँ

लंदन की फ्लाइट

कहने को चार-चार आवास है।
रहने का एक ही निवास है।
नौकरों के भरोसे है देखभाल।
बेटा भी साथ रहता ये आस है।

बेटा चिंता बहुत किया करता है।
फोन भी सुबह- शाम करता है।
बस छुट्टी नही मिलती मिलने की।
आने की कोशिश रोज करता है।

चंद घडियॉ बची गुजर जाने की।
राह तकती हैं अंखियॉ आने की।
मिलूं तो उम्मीद अभी वाकी है।
सांसो को जल्दी है जाने की।

संस्कार को देह तरस जाएगी।
ठंडी हो फ्रीज में धर जाएगी।
भीड को इंतजार मुखाग्नि का।
लंदन की फ्लाइट कब आएगी।
(परदेशी पुत्र)

किसकी खता

मेरे हक पे तेरा हक,
मुझे ना बता।,
छोड़ जाए जो तू,
इसमें किसकी खता।

मेरे हक पे
ए जिन्दगी,
तू किसी की नहीं।
जिसने चाहा तुझे,
तू उसी की नहीं।
चंद सांसे,
निभा ना सकीं धड़कने।
कब निकल जाए दम,
इसमें किसकी खता।

मेरे हक पे
हम चलाते रहे,
रेत पे कश्तियाॅ।
दिल में सूनीं रही,
प्रीत की बस्तियाॅ।

बनाने चले,
आशियाँ हम नया।
आधियाँ ले उड़ी,
इसमें किसकी खता।

मेरे हक पे
उन्हें उम्र भर,
चाह कर क्या मिला।
ना मैं उनकी मोहब्बत,
ना मुझको गिला।
जिनको पलकों में पाला,
नजर ना लगे।
अश्क बनकर गए,
इसमें किसकी खता।
मेरे हक पे

श्वान विवाह

हालात से बेरोजगार।
सूझा फिर नया विचार।
श्वान विवाह करवाऐंगे।
हम हो गए तैयार।

आयोजन करवाऐंगे।
श्वानों को मिलवाऐंगे।
उद्घाटन का फीता ।
नेताजी से कटवाऐंगे।

कालू भूरा बुलवाऐंगे।
रोटो-वोटी खिलवाऐंगे।
दो-चार पिल्लों की माँ।
चम्पी को संग लाऐंगे।

विवाह पत्र छपवाऐंगे।
थोड़ी शर्ते लिखवाऐंगे।
पतिव्रता कुतिया को।
संकल्प पत्र पढ़वाऐंगे।

कुत्ते श्रम से कमाऐंगे।
बिना बात ना गुर्राऐंगे।
पत्नि व्रता बनकर।
अपना धर्म निभाऐंगे।

बाराती भी आ जाऐंगे।
भौं-भौं कर चिल्लाऐंगे।
भोजन व्यवस्था पर।
आपस में लड़ जाऐंगे।

सारी रस्में करवाऐंगे।
धीरे से समझाऐंगे।
हम कहेंगे एक की।
वो दो लेके भग जाऐंगे।

टेंट बिखर जाऐंगे।
बेरोजगार हो जाऐंगे।
नींद में सोए थे।
ख्वाब में उठ जाऐंगे।

कलयुग में

लट्टु चले घर भाई में।
देखे स्वर्ग लुगाई में।
राम नाम का कैसा काम।
बोलो भाई
जय सियाराम।

नग्न हुए नाचे नर-नारी।
चीर बढ़ाए क्या बनवारी।
धोखे खा रोए घनश्याम।
बोलो भाई
जय सियाराम।

रिश्तों में भी घुसा रुपैया।
घर में रोए भूखी मैया।
बिन रिश्वत ना कोई काम।
बोलो भाई
जय सियाराम।

माया की काया दीवानी।
झूठी हो गई प्रेम कहानी।
डूब गई मदिरा में शाम।
बोलो भाई
जय सियाराम।

आत्मा पूछेगी

पाला पोशा बड़ा किया।
खुद के पैरों पे खड़ा किया।
बता दे मेरे मन बावरे।
उनकी खातिर क्या किया?

दौलत जोड़ी महल बनाया।
काम बता तू किसके आया।
माया छूटी रही धरा पर।
जल जाऐगी झूठी काया।

जबहिं बुढापा तेरा आया।
याद करेगा किया कराया।
रहा अकेला मैं-मैं करके।
तूने किसका साथ निभाया।

एक दिन पूछ लेगी।
नई देह ढूंढ लेगी।
कर्मों के हिसाब की।
पाई-पाई जोड़ लेगी।

शून्य

मैं शून्य हूँ,
शून्य रहने दो।
श्वांस का हिसाब,
जीवन से लेने दो।
हासिल हुए,
धन-ऋण में।
शेष का,
गुणा करने दो।

मैं शून्य हूँ
पिता के प्रेम का,
अनुपात करने दो।
कष्टों के त्रिकोण से,
बात करने दो।
आईना अक्स है,
मतलव का।
हकीकत का,
समकोण समझने दो।

मैं शून्य हूँ
रिश्तों के वर्ग का,

मूल करने दो।
ईमान के क्षेत्रफल से,
भाग करने दो।
अवशेष के शेष,
अभी बाकी है।
प्रीत के खर्च का,
ब्याज भरने दो।
मै शून्य हूँ

तू बता

स्वर्ग में जगह नहीं,
नर्क भर गया।
तू बता मर के,
मैं किधर गया।

तू बता---

ना यहॉ शकूं,
ना वहॉ चैन था।
भीड़ में सिसकियाँ,
न्याय मौन था।
कौन कर्म जानकर,
हिसाब कर गया।

तू बता---

ना दिन हुआ,
उस रात का।
किस्सा बना,
बस बात का।
खाली मकान दिल से,
कौन कर गया।

तू बता---

आज मिला नहीं,
कल गिला नहीं।

क्या करूं लौट के,
जब कोई बचा नहीं।
चल रही श्वांस कौन,
बंद कर गया।

तू बता---

वजह

कोशिशें जारी है,
दर्द को छुपाने की।
दे वजह फिर कोई,
जिन्दगी मुस्कराने की।

दे वजह---

मैं को हम कहना,
आसान ना था।
सिर्फ मेरा ही,
ये जहान ना था।
मैं के शिवा,
अब बचा ही क्या है?
कितनी और चाहत है,
मुझको गिराने की।

दे वजह---

कदम चल पड़े,
कहाॅ जाना होगा।
शायद लौटकर,
ना आना होगा।
साथ चलकर,
अकेला छोड़ आऐंगे।

राख हो जाएगी,
वहाँ हर फसाने की।

दे वजह---

दिल में दरारों की,
बहुत बड़ी खाई है।
झूठ को निभाने की,
सच्ची कसम खाई है।
तलाश जारी है,
रिश्तों में हकीकत की।
झूठ बन गई है,
आदत हर बहाने की।

दे वजह---

मंगल-सूत्र

वैवाहिक निशानी है।
सुहाग पे निगरानी है।
पति की कमाई पे।
पत्नि अंबानी है।
रीति ये पुरानी है।

रस्में निभानी है।
परमेश्वर परंपरा की।
पागल पटरानी है।

ममतामयी मस्तानी है।
श्रद्धा से दीवानी है।
फेरों के चक्र की।
दिल राजधानी है।

मालकिन महारानी है।
दादी और नानी है।
जन्मों के बंधन में।
उम्र भी बंध जानी है।

21वीं सदी

आयु अनुपात घटाऐगी।
रिश्तों का मान गिराऐगी।
मृत्यु होगी आशाओं की।
कांधे किराए के लाएगी।

जीवन त्रिकोण बनाऐगी।
खुशियों के भाग कराऐगी।
समय गति अनियंत्रित करके।
ऋण ऊपर से चढवाऐगी।

सांसो पर ब्याज लगाऐगी।
खर्चों के जोड़ कराऐगी।
वृत्त बनाकर प्रेम-प्रीत का।
बस हानि लाभ दर्शाऐगी।

मन का मूल छुपाऐगी।
उम्मीदों पर चल जाऐगी।
समय बचाकर देह दाह का।
गंगा में फिकवाऐगी।

पिता-पुत्री से

तेरे हिसाब से तू,
समझदार हो गई है।
जमाने की नजर से,
खबरदार हो गई है।

माना सख्त है,
उसूलों से बाप तेरा।
मेरी हर बात की,
तू जबावदार हो गई है।

बता कब जागेगी,
कितना सोती है।
तू कब कहां,
किसके साथ होती है।

कल छुट्टी थी,
तेरी कोचिंग क्लास की।
क्या छुट्टी मे भी,
क्लास होती है।

घर लौटो तक,
सौ बार पूछ लेता हूं।
पता करो तेरा,
तेरी मॉ से कह लेता हूं।

समझाती है रोज,
कम डांटो बेटी को।
तुझे ही समझाकर,
खुद समझ लेता हूं।

चिंता तो है ही,
तू पराए घर जाऐगी।
कया बनाऐगी,
और क्या खाऐगी।

कदम नही रखा,
तूने कभी रसोई मे।
उस वक्त ही सही,
मेरी याद तो आऐगी।
पिता भी सोचता है

मोबाइल चौपाई

भोर दरश तेरी शाम आरती।
जन गण मन के विविध भारती।।

कर्णप्रिये तुग अधर विलासी।
तुम्हे निहारे अंखियॉ प्यासी।।

टावर सुत शीषा के भ्राता।
नयनानंद प्रेम के दाता।।

दस अंको के पंख तुम्हारे।
शून्य लगा परदेश पधारे।।

प्रेम प्रीत मनमीत मिलावो।
विश्व भ्रमण कर मित्र बनावो।।

गूगल ज्ञान कंठ भंडारी।
मृत्यु लोक में तुम त्रिपुरारी।।

छोटा सा रीचार्ज तुम्हारा।
तुम झूठों का बडा सहारा।।

दिन भर तुम मे करत उंगैया।
मोडी-मोडा और डुकैया।।

कलम

बिक गई ताकत कलम की,
और स्याही मौन है।
दर्द हिन्दुस्तॉ लिखे जो,
वो मसीहा कौन है।

खो गए श्रंगार में सब,
हास्य तो व्यापार है।
वेदना लिख दे शहर की,
वीर क्यूं बीमार है।

क्यूं नहीं दिखता कलम को,
जल रहा मेरा शहर।
क्यूं सियासत के लुटेरे,
ढा रहे अब तक कहर।

हंस रहा तुझपे मेहरबॉ,
तू चली व्यापार पे।
क्यूं नहीं लिखती सजा,
मासूम अत्याचार पे।

लिख जवानी को शहीदी,
देश हित बलिदान हो।
फर्ज में हो देश रक्षा,
कर्म से इंसान हो।

शब्द एसे गढ कलम तू,
एकता संदेश हो।
ना रहे हिन्दु मुस्लमॉ,
सिर्फ भारत देश हो।

चल

चल अभी और चल,
आज और कल चल।
थोड़ी सी दूर है,
मंजिल की ओर चल।

चल अभी और चल
चार दिन का मेला है,
हर कोई अकेला है।
साथ कोई जाए ना,
भीड से निकल के चल।

चल अभी और चल
चाहत संयोग में,
शारीरिक भोग में।
प्रीत की उपासना,
त्याग का खिला कमल।

चल अभी और चल
एक दिन जाना है,
लौट के ना आना है।

सो गई है रात तो,
उठ सुबह के साथ चल।
चल अभी और चल

बच्चों को

मोबाइल नहीं संस्कार दो।
अतिथि देवो व्यवहार दो।
मात-पिता की सेवा का।
जीवन में इक आधार दो।

बच्चों को---

गीता रामायण सार दो।
मंदिर में मंगलवार दो।
जो डटा रहे हर पीड़ा में।
प्रभु का कोई अवतार दो।

बच्चों को---

थोड़ी खुशियाँ उपहार दो।
खट्टा-मीठा सा प्यार दो।
भटके ना सत्य की राहों से।
गलती पे तुम फटकार दो।

बच्चों को---

ऊंची उठती मीनार दो।
भारत की नयी वयार दो।
देश-भक्ति हो रग-रग में।
ऐसा कोई किरदार दो।

बच्चों को---

गुरू का आदर सत्कार दो।
सेवा का कोई विचार दो।
ज्ञान का दीप जले मन में।
कुल का उजियारा नाम दो।

बच्चों को---

रील ने

महिला का मजाक किया।
घुटनों मे मांइड दिया।
मम्मी भी भूले महिला है।
पैदा कर के बडा किया।
रील ने---

पापा को पाप किया।
इज्जत को नग्न किया।
बुआ बनाई बंदर इसने।
बहिनों को भूत किया।
रील ने---

बातों को गंदा किया।
लंबा लंबा गीत दिया।
मम्मी के परमेश्वर जी को।
झाड़ू से पिटवा दिया।
रील ने---

दौलत को देव किया।
रिश्तों से कपट किया।
भक्ति में मतलव भर के।
वायरल को डाल दिया।
रील ने---

(संस्कारों की हत्यारी)

इतना ही

क्यूं परेशान है।
देह शमशान है।
कर्म का क्रिया कर्म।
मौत शक्तिमान है।

जिद से जहान है।
जीत आसमान है।
हार की फिकर न कर।
ठोकरों से ज्ञान है।

नन्ही सी जान है।
चार दिन मेहमान है।
जब कभी मिले खुशी।
दर्द मेहरबान है।

रिश्तों की शान है।
झूठा इंसान है।
मतलवी चमक-दमक।
वक्त ही महान है।

सवाल

देर क्यूं हो गई ?
कौन नई मिल गई ?
अब तक कहॉ थे ?
छुट्टी कब हो गई ?

देर क्यूं---

बिजली बिल भराया।
राशन का चुकाया।
घर आया दूध वाला।
वेतन कब मिल गई ?

देर क्यूं---

स्कूल फीस भर दी।
दवाई कहॉ धर दी।
कोचिंग की मैडम।
बकाया मांग गई।

देर क्यूं---

क्यूं नहीं सुनते हो ?
यार ये क्या करते हो ?
मायके भी जाना है।
क्या तैयारी हो गई ?

देर क्यूं---

किराया कब दे दोगे?
कब कपड़े ले लोगे?
घर में ही शादी है।
चिट्ठी भी आ गई।

देर क्यूं---

हर माह का रोना है।
कुछ नहीं होना है।
तुम्हारे साथ मेरी तो।
जिन्दगी खराब हो गई।

देर क्यूं---

जीवन भर का साथ

नर्क में

नर्क में जहान है,
स्वर्ग सुनसान है।
देवता किधर गए,
आदमी हैरान है।

नर्क में जहान है---

भीड़ है खचाखच,
झूठों में कौन सच।
दिन भर भागम-भाग,
कष्ट मेहरबान है।

नर्क में जहान है---

टूटता परिवार है,
मॉ-बाप लाचार है।
धन की आस में,
रिश्ते शैतान है।

नर्क में जहान है---

शर्म गई शर्मा कर,
ईमान आजमाकर।
छल कपट में मित्रता,
भगवान परेशान है।

नर्क में जहान है---

स्त्री की भरमार है,
पहला अधिकार है।
रूप सज्जा केंद्र में,
उलझा इंसान है।

नर्क में जहान है---

बीबी बीमार है,
रीलिया बुखार है।
पतिदेव चूल्हे में,
बच्चे नादान है।

नर्क में जहान है---

नशा

लीवर माफी मांग रहा है,
किडनी की विनती सुन ले।
रम में राम समझने वाले,
घर में सीता की सुन ले।

विस्की का रिश्ता करवाया,
तुमने घर की खुशियों से।
पूछ जरा अपने घर जाकर,
तन मन धन के दुखियों से।

नाली के तट की ठंडक,
तुम सारी घर मे ले आए।
वहक रहे थे छंद जुवां से,
फिर से मदिरा पी आए।

टूट रहा बच्चों का आंगन,
और खिलौने रोते है।
पूछ रहा था मुन्ना मां से,
क्या ? ऐसे पापा होते हैं।

तेरी खातिर तेरी माता,
देर रात तक जगती है।
बाप उसे समझाकर हारा,
फिर भी ममता धरती है।

नशे ने तुमको क्या दिया,
क्या खोया क्या पा लिया।
जीवन भर तूने साथ रखा,
तेरा ही जीवन ले लिया।
(छोड़िए भी)

प्रभु रो

तुमने बनाया,
मैं बनाता हूं।
हथौड़ा मारकर,
मुस्कान सजाता हूं।
बेचा आपको,
मूर्तियां बनाकर।
भूल गए,
याद दिलाता हूं।

तुमने बनाया---

मैने माना,
भगवान हो तुम।
जीवन की,
पहचान हो तुम।
पर देखा ना,
मैने तुमको।
फिर भी तुम से,
डर जाता हूं।

तुमने बनाया---

अब तो कह दो,
अपना कर के।

मुझको रख लो,
चाकर कर के।
भटका दर-दर,
तुम को पाने।
मैं मन में,
देख ना पाता हूं।

तुमने बनाया---

।। जय श्रीराम।।

संसद में

लड़े लड़ैया कुर्सी चढ़ के,
कौवा कांव-कांव चिल्लाय।
बंदर कर रहे खींचा-तानी,
मानुष भूखो ठोकर खाय।

सांप सपोले मिल के बैठे,
आस्तीन में घात लगाय।
रंग बदलवो गिरगिट भूलो,
मगरमच्छ रो-रो दिखलाय।

गधा दौड़ में सबसे आगे,
टांगे घोड़ा की बंध जाय।
नाहर खावे घास गठरिया,
पड़ा पड़ेरू काटे जाय।

बिल्ली मौसी की नौटंकी,
बिल पे ना चर्चा हो पाय।
कुत्ता मिल के गदर मचाए,
चूहा देखो ऑख दिखाय।

चप्पे - चप्पे पर चुड़ैलें,
भूतन की टोली हर्षाय।
खर्चा हो रहे चंडालों पर,
को जनता के प्राण बचाय।
पंचवर्षीय

कलेश है

घुटनों पे बचपन,
सड़क पे जवानी।
दौड़कर थम गई,
उम्र भी दीवानी।
किस्मत की चाल पे,
थोड़ा सा खेद है।

कलेश है---

और ना मिलेगा,
ना फिर कभी।
फिकर क्यूं करे,
मन अभी-अभी।
वक्त की परीक्षा में,
सांसे ही शेष है।

कलेश है---

चलते ही गिर गया,
अंदर से मर गया।
जीवन संघर्ष है,
कौन क्या कर गया।
किसकी संरचना में,
धैर्य के अवशेष है।

कलेश है---

ख्यालों में

क्यूं ना मैं नेता बन जाऊं।
जन सेवा कर पुण्य कमाऊं।
मेहनत होगी थोड़ी अपनी।
रिश्वत में ''भारत'' खा जाऊं।
क्यूं ना मैं नेता---

रिश्तों में सब होंगे अपने।
सच्चाई के झूठे सपने।
रोज पार्टी में बदलूंगा।
पैसे देकर भीड़ जुटाऊं।
क्यूं ना मैं नेता---

मुफ्त भ्रमण होगा लंदन का।
स्वागत वंदन अभिनंदन का।
चमचा चमची साथ रहेंगे।
बडे-बडे घपले कर जाऊं।
क्यूं ना मैं नेता---

केश पुराने दब जाऐंगे।
नेता बनकर जब आऐंगे।
पुलिस करेगी पहरेदारी।
दोषमुक्त सबसे हो जाऊं।
क्यूं ना मैं नेता---

चार पुलिसा घेरे होंगे।
अंदर बाहर पहरे होंगे।
सरकारी सब गाड़ी बंगला।
मस्तक पर बत्ती लगवाऊं।

क्यूं ना मैं नेता---

मेरे जैसे बनेंगे बच्चे।
पढ़े विदेशी कभी ना सच्चे।
दौलत का घर कर लूं डेरा।
जीवन भर जीवन जी जाऊं।

क्यूं ना मैं नेता---

शराबी

पहाड़ और झरने,
कौन जाए मरने।
मैं अपनी नाव,
नाले में चला लेता हूँ।
मैं रोज पी लेता हूँ---

सगाई या शहनाई,
जन्मदिन की बधाई।
जीत में हार के,
बहाने बना लेता हूँ।
मैं रोज पी लेता हूँ---

अपना यहाँ कौन है,
सारा जहाँ मौन है।
दो पेग पी कर,
गालियाँ बक लेता हूँ।
मैं रोज पी लेता हूँ---

माँ ने बहुत रोका,
बाप ने भी ठोका।
बीबी को पीटकर,
भड़ास निकाल लेता हूँ।
मैं रोज पी लेता हूँ---

दो तीन बच्चे हैं,
घर में सब अच्छे हैं।
उनके जीवन पर,
बोझ बन लेता हूँ।
मैं रोज पी लेता हूँ---

लीवर सड़ा लिया,
फैंफडा गला लिया।
दर्द की दवा अब,
जहर मान लेता हूँ।
मैं रोज पी लेता हूँ---

चुनावी घंटा

बैल दूध दे देगा,
मुर्गा अंडा हग देगा।
मतदाता का विचार,
प्रत्याशी धो दे देगा।
चुनावी घंटा---

गठबंधन कर लेगा,
दल बदल लेगा।
जनहित योजना में,
उंगली कर देगा।
चुनावी घंटा---

इतिहास खोद देगा,
मुर्दे उखाड देगा।
कब्र का शमशान से,
द्वंद भी करा देगा।
चुनावी घंटा---

घोषणा कर देगा,
शोर भी मचा देगा।
वादों के पुराण से,
महाभारत करा देगा।
चुनावी घंटा---

घोटाले कर लेगा,
धन भर लेगा।
जनता के हाथ में,
घंटा थमा देगा।

चुनावी घंटा---

स्त्री कब तक

ऑखों मे जल भरना होगा।
धीर हृदय में धरना होगा।
बनी पीड़िता मैं- तुम खबरों की।
प्रथम पृष्ठ पर छपना होगा।

कितना डर से डरना होगा।
कितनी सदियाँ सहना होगा।
होंठ सिल दिए मर्यादा से।
कब तक यूं चुप रहना होगा।

दर्द नहीं है कहना होगा।
मन से मन में मरना होगा।
क्या सुंदरता मेरी दुश्मन।
पल्लू सर पे धरना होगा।

परंपरा पर मिटना होगा।
प्यार में मुझको कटना होगा।
था अतीत मेरा पीड़ामय।
अबला हूं फिर कहना होगा।

जिन्दगी

फोन पे पल रही है,
नींद मे चल रही है।
ऑनलाइन रातभर,
ऑखें मल रही है।

मनमानी कर रही है,
जल्दी जा रही है।
खुद की लाश में,
कांधा लगा रही है।

ज्यादा कमा रही है,
कम खा रही है।
चिंता की चिता में,
रिश्ते जला रही है।

उड़ान भर रही है,
आसमॉ छू रही है।
हार के डर से,
नीचे गिर रही है।

लौटा दो

प्रभु मेरा बचपन लौटा दो।
वही छिछोरे दोस्त मिला दो।
मस्त कटेगा अपना जीवन।
मुझको फिर से छात्र बना दो।
प्रभु मेरा ---

पोखर मे छप-छप करवा दो।
हाथों मे बारिश भरवा दो।
उडकर छूँ लू अम्बर नीला।
सावन का झूला झुलवा दो।
प्रभु मेरा---

सत्य नहीं झूठा करवा दो।
प्रेम पत्र फिर से लिखवा दो।
राह निहारे प्रीत गली में।
काली गैया से मिलवा दो।
प्रभु मेरा---

मम्मी पापा से पिटवा दो।
दीदी से डॉटें खिलवा दो।
रोज बनाऊं नया बहाना।
जबरन तुम स्कूल भिजवा दो।
प्रभु मेरा---

मोबाइल ने

बच्चे रुला दिए,
कार्टून बना दिए।
कागज की नाव,
पानी में डुबा दिए।

गुरुकुल गुमा दिए,
छड़ी छुपा दिए।
शिक्षा व्यापार को,
ऑनलाइन ट्यूशन दिए।

कबूतर उड़ा दिए,
प्रेम-पत्र जला दिए।
कॉलेज के द्वार से,
आशिक भगा दिए।

चबूतरे गिरा दिए,
पगडंडी भुला दिए।
कड़कड़ाती ठंड में,
अलाव बुझा दिए।

दोस्त बारह ज्ञ दिए,
एक ना साथ दिए।
मिलने की फुर्सत नहीं,
मैसेज कर कह दिए।
(मोबाइल तो जरूरी है।)

खबरें कलम से

कलम तुम गिर गई,
विवादों से घिर गई।
कुर्सी की गुलामी में,
आजादी भूल गई।

कलम तुम---

चैनल की भरमार,
बिकते अखबार।
सत्य को छुपाकर,
झूठ ही कह गई।

कलम तुम---

तुम बेमिसाल थी,
क्रांति की मशाल थी।
दौलत के लालच में,
अन्याय भी कर गई।

कलम तुम---

कैसी सियासत हो,
रोज नई आफत हो।
गंगा और जमुना को,
गंदा भी कर गई।

कलम तुम---

जी भर कमा लिया,
आसमां भी छू लिया।
जमीं की हकीकत,
सागर में डुबो गई।

कलम तुम---

फिर से शुरू करो,
सत्य पे जिओ-मरो।
गलतियां सुधार लो,
तुम ही कर गई।

कलम तुम---

मेरी कविता

मीठा आलिंगन है, पीड़ा में किंचन है।
सागर लहरों पे, कश्ती का चिंतन है।
मेरी कविता---
सोलह सी चंचल है, सड़कों की हलचल है।
प्रेम गीत पृष्ठ पे,शब्दों की मलमल है।
मेरी कविता---
यौवन भरपूर है, थोड़ी मगरूर है।
स्याही से सनी हुई, ऑखों से दूर है।
मेरी कविता---
दिनभर का शोर है, यादें घनघोर है।
रातभर न सो सके, चॉद का चकोर है।
मेरी कविता---
कागज की देह है, सांसो का नेह है।
कल रहें या ना रहें, आपका स्नेह है।
मेरी कविता---

*****